Fun Learning

Malayalam Consonants

Edited By

light
AUSTRALIA

Colour In

ക
ka

കാ kaa	കി ki	കീ kee
കു ku	കൂ koo	കൃ kr
കെ ke	കേ kae	കൈ kai
കൊ ko	കോ kō	കൗ kau
കം kam	കഃ kah	ക്ക kka

ക

ക

ക

Colour In

ഖ
kha

ഖാ khaa	ഖി khi	ഖീ khee
ഖു khu	ഖൂ khoo	ഖൃ khr
ഖെ khe	ഖേ khae	ഖൈ khai
ഖൊ kho	ഖോ khō	ഖൗ khau
ഖം kham		

ഖ

ഖ

ഖ

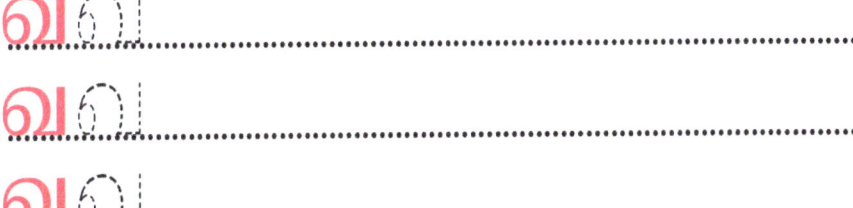

Colour In

ഗ
ga

ഗാ gaa	ഗി gi	ഗീ gee
ഗു gu	ഗൂ goo	ഗൃ gr
ഗെ ge	ഗേ gae	ഗൈ gai
ഗൊ go	ഗോ gō	ഗൗ gau
ഗം gam	ഗഃ gah	

ഗ ഗ

ഗ ഗ

ഗ ഗ

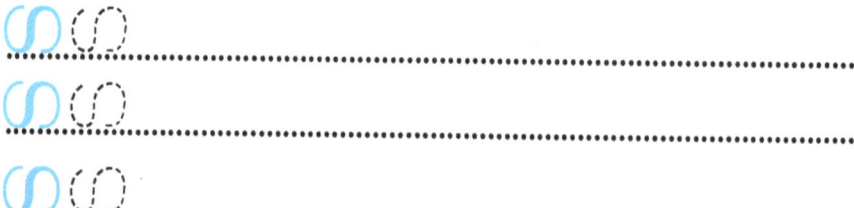

ഘ
gha

Colour In

ഘാ ghaa	ഘി ghi	ഘീ ghee
ഘു ghu	ഘൂ ghoo	ഘൃ ghr
ഘെ ghe	ഘേ ghae	ഘൈ ghai
ഘൊ gho	ഘോ ghō	ഘൗ ghau
ഘം gham	ഘഃ ghah	

ഘ

ഘ

ഘ

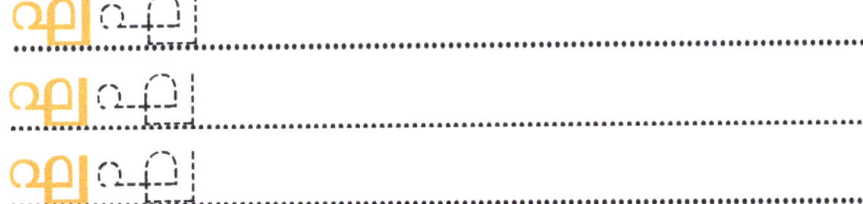

Colour In

ങ (ങ)
nga

ങാ ngaa	ങി ngi	ങീ ngee
ങു ngu	ങൂ ngoo	ങൃ ngr
ങെ nge	ങേ ngae	ങൈ ngai
ങൊ ngo	ങോ ngō	ങൌ ngau
ങം ngam	ങഃ ngah	

ങ ങ ....

ങ ങ ....

ങ ങ ....

ച
cha

Colour In

ചാ chaa	ചി chi	ചീ chee
ചു chu	ചൂ choo	ചൃ chr
ചെ che	ചേ chae	ചൈ chai
ചൊ cho	ചോ chō	ചൗ chau
ചം cham	ചഃ chah	

ച

ച

ച

Colour In

ഛ
CHa

ഛാ CHaa	ഛി CHi	ഛീ CHee
ഛു CHu	ഛൂ CHoo	ഛൃ CHr
ഛെ CHe	ഛേ CHae	ഛൈ CHai
ഛൊ CHo	ഛോ CHō	ഛൗ CHau
ഛം CHam	ഛഃ CHah	

ഛ

ഛ

ഛ

Colour In

ജ

ja

ജാ jaa	ജി ji	ജീ jee
ജു ju	ജൂ joo	ജൃ jr
ജെ je	ജേ jae	ജൈ jai
ജൊ jo	ജോ jō	ജൗ jau
ജം jam	ജഃ jah	

ജ ജ

ജ ജ

ജ ജ

Colour In

ഝ
JHa

ഝാ jaa	ഝി ji	ഝീ jee
ഝു ju	ഝൂ joo	ഝൃ jr
ഝെ je	ഝേ jae	ഝൈ jai
ഝൊ jo	ഝോ jō	ഝൗ jau
ഝം jam	ഝഃ jah	

ഝ ഝ

ഝ ഝ

ഝ ഝ

ഞ
nja

Colour In

ഞാ njaa	ഞി nji	ഞീ njee
ഞു nju	ഞൂ njoo	ഞൃ njr
ഞെ nje	ഞേ njae	ഞൈ njai
ഞൊ njo	ഞോ njō	ഞൗ njau
ഞം njam	ഞഃ njah	

ഞ ഞ ....

ഞ ഞ ....

ഞ ഞ ....

ട

ta (da)

Colour In

ടാ taa	ടി ti	ടീ tee
ടു tu	ടൂ too	ടൃ tr
ടെ te	ടേ tae	ടൈ tai
ടൊ to	ടോ tō	ടൗ tau
ടം tam	ടഃ tah	

ട ട ....

ട ട ....

ട ട ....

Colour In

ഠ
THa (dHa)

ഠാ THaa	ഠി THi	ഠീ THee
ഠു THu	ഠൂ THoo	ഠൃ THr
ഠെ THe	ഠേ THae	ഠൈ THai
ഠൊ THo	ഠോ THō	ഠൌ THau
ഠം THam	ഠഃ THah	

ഠ

ഠ

ഠ

ഡ
da

Colour In

ഡാ daa	ഡി di	ഡീ dee
ഡു du	ഡൂ doo	ഡൃ dr
ഡെ de	ഡേ dae	ഡൈ dai
ഡൊ do	ഡോ dō	ഡൗ dau
ഡം dam	ഡഃ dah	

ഡ ഡ ....

ഡ ഡ ....

ഡ ഡ ....

ഢ
dHa

Colour In

ഢാ dHaa	ഢി dHi	ഢീ dHee
ഢു dHu	ഢൂ dHoo	ഢൃ dHr
ഢെ dHe	ഢേ dHae	ഢൈ dHai
ഢൊ dHo	ഢോ dHō	ഢൗ dHau
ഢം dHam	ഢഃ dHah	

ഢ ഢ ....

ഢ ഢ ....

ഢ ഢ ....

ണ
nna

Colour In

Nanam | Shy
I feel shy
before a crowd

ണാ nnaa	ണി nni	ണീ nnee
ണു nnu	ണൂ nnoo	ണൃ nnr
ണെ nne	ണേ nnae	ണൈ nnai
ണൊ nno	ണോ nnō	ണൗ nnau
ണം nnam	ണഃ nnah	

ണ ണ ....

ണ ണ ....

ണ ണ ....

ത
tha

Colour In

മുതല
Mutala
Crocodile

താ thaa	തി thi	തീ thee
തു thu	തൂ thoo	തൃ thr
തെ the	തേ thae	തൈ thai
തൊ tho	തോ thō	തൗ thau
തം tham	തഃ thah	

ത ത ....

ത ത ....

ത ത ....

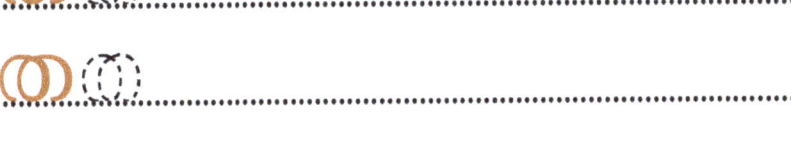

ഠ

TTHa

Colour In

ഠാ TTHaa	ഠി TTHi	ഠീ TTHee
ഠു TTHu	ഠൂ TTHoo	ഠൃ TTHr
ഠെ TTHe	ഠേ TTHae	ഠൈ TTHai
ഠൊ TTHo	ഠോ TTHō	ഠൗ TTHau
ഠം TTHam	ഠഃ TTHah	

ഠ ഠ

ഠ ഠ

ഠ ഠ

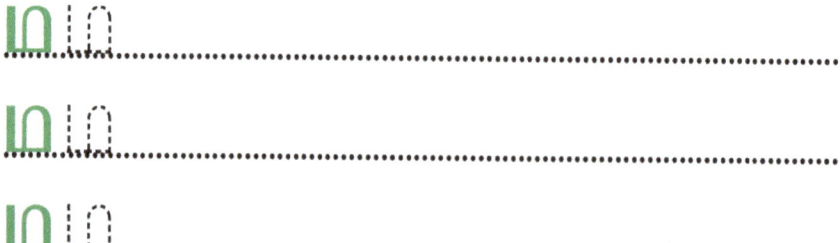

Colour In

ദ
dha

ദാ dhaa	ദി dhi	ദീ dhee
ദു dhu	ദൂ dhoo	ദൃ dhr
ദെ dhe	ദേ dhae	ദൈ dhai
ദൊ dho	ദോ dhō	ദൗ dhau
ദം dham	ദഃ dhah	

ദ ദ

ദ ദ

ദ ദ

Colour In

Dhanyam
grain
Oz harvest

ധ
dha

ധാ dhaa	ധി dhi	ധീ dhee
ധു dhu	ധൂ dhoo	ധൃ dhr
ധെ dhe	ധേ dhae	ധൈ dhai
ധൊ dho	ധോ dhō	ധൗ dhau
ധം dham	ധഃ dhah	

ധ

ധ

ധ

ന

na

Colour In

നാ naa	നി ni	നീ nee
നു nu	നൂ noo	നൃ nr
നെ ne	നേ nae	നൈ nai
നൊ no	നോ nō	നൗ nau
നം nam	നഃ nah	

ന ന

ന ന

ന ന

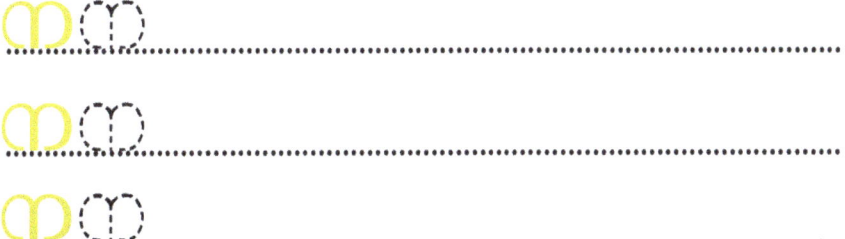

പ

pa

Colour In

പാ paa	പി pi	പീ pee
പു pu	പൂ poo	പൃ pr
പെ pe	പേ pae	പൈ pai
പൊ po	പോ pō	പൗ pau
പം pam	പഃ pah	

പ

പ

പ

Colour In

ഫ
pha

ഫാ phaa	ഫി phi	ഫീ phee
ഫു phu	ഫൂ phoo	ഫൃ phr
ഫെ phe	ഫേ phae	ഫൈ phai
ഫൊ pho	ഫോ phō	ഫൗ phau
ഫം pham	ഫഃ phah	

ഫ
ഫ
ഫ

ബ
ba

Colour In

ബലൂൺ

baloon

fly baloon fly

ബാ baa	ബി bi	ബീ bee
ബു bu	ബൂ boo	ബൃ br
ബെ be	ബേ bae	ബൈ bai
ബൊ bo	ബോ bō	ബൗ bau
ബം bam	ബഃ bah	

ബ ബ

ബ ബ

ബ ബ

ഭ
bha

Colour In

Bhayam |Fear
Eeek!

ഭാ bhaa	ഭി bhi	ഭീ bhee
ഭു bhu	ഭൂ bhoo	ഭൃ bhr
ഭെ bhe	ഭേ bhae	ഭൈ bhai
ഭൊ bho	ഭോ bhō	ഭൗ bhau
ഭം bham	ഭഃ bhah	

ഭ ഭ ....

ഭ ഭ ....

ഭ ഭ ....

Colour In

മ
ma

മാ maa	മി mi	മീ mee
മു mu	മൂ moo	മൃ mr
മെ me	മേ mae	മൈ mai
മൊ mo	മോ mō	മൗ mau
മം mam	മഃ mah	

മ ....

മ ....

മ ....

Colour In

യ
ya

യാ yaa	യി yi	യീ yee
യു yu	യൂ yoo	യൃ yr
യെ ye	യേ yae	യൈ yai
യൊ yo	യോ yō	യൗ yau
യം yam	യഃ yah	

യ ....

യ ....

യ ....

Colour In

ര

ra

രാ raa	രി ri	രീ ree
രു ru	രൂ roo	രൃ rr
രെ re	രേ rae	രൈ rai
രൊ ro	രോ rō	രൗ rau
രം ram	രഃ rah	

ര ര

ര ര

ര ര

ല
la

Colour In

ലാ laa	ലി li	ലീ lee
ലു lu	ലൂ loo	ലൃ lr
ലെ le	ലേ lae	ലൈ lai
ലൊ lo	ലോ lō	ലൗ lau
ലം lam	ലഃ lah	

ല

ല

ല

Colour In

വ
va

വാ vaa	വി vi	വീ vee
വു vu	വൂ voo	വൃ vr
വെ ve	വേ vae	വൈ vai
വൊ vo	വോ vō	വൗ vau
വം vam	വഃ vah	

വ

വ

വ

ശ
Sha

Colour In

ശാ Shaa	ശി Shi	ശീ Shee
ശു Shu	ശൂ Shoo	ശൃ Shr
ശെ She	ശേ Shae	ശൈ Shai
ശൊ Sho	ശോ Shō	ശൗ Shau
ശം Sham	ശഃ Shah	

ശ ശ ....

ശ ശ ....

ശ ശ ....

ഷ
sha

Colour In

ഷാ shaa	ഷി shi	ഷീ shee
ഷു shu	ഷൂ shoo	ഷൃ shr
ഷെ she	ഷേ shae	ഷൈ shai
ഷൊ sho	ഷോ shō	ഷൗ shau
ഷം sham	ഷഃ shah	

ഷ

ഷ

ഷ

സ
Sa

Colour In

സാ Saa	സി Si	സീ See
സു Su	സൂ Soo	സൃ Sr
സെ Se	സേ Sae	സൈ Sai
സൊ So	സോ Sō	സൗ Sau
സം Sam	സഃ Sah	

സ സ

സ സ

സ സ

ഹ
ha

Colour In

ഹാ haa	ഹി hi	ഹീ hee
ഹു hu	ഹൂ hoo	ഹൃ hr
ഹെ he	ഹേ hae	ഹൈ hai
ഹൊ ho	ഹോ hō	ഹൗ hau
ഹം ham	ഹഃ hah	

ഹ

ഹ

ഹ

ള
la

Colour In

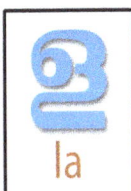

ളാ laa	ളി li	ളീ lee
ളു lu	ളൂ loo	ളൃ lr
ളെ le	ളേ lae	ളൈ lai
ളൊ lo	ളോ lō	ളൗ lau
ളം lam	ളഃ lah	

ള ള

ള ള

ള ള

ഴ
zha

Colour In

ഴാ zhaa	ഴി zhi	ഴീ zhee
ഴു zhu	ഴൂ zhoo	ഴൃ zhr
ഴെ zhe	ഴേ zhae	ഴൈ zhai
ഴൊ zho	ഴോ zhō	ഴൗ zhau
ഴം zham	ഴഃ zhah	

ഴ ഴ ....

ഴ ഴ ....

ഴ ഴ ....

റ

ř a

Colour In

റാ
raa

റി
ri

റീ
ree

റു
ru

റൂ
roo

റൃ
rr

റെ
re

റേ
rae

റൈ
rai

റൊ
ro

റോ
rō

റൗ
rau

റം
ram

റഃ
rah

റ ....

റ ....

റ ....

This book is dedicated to all
Malayalam language learners world wide

This book is compiled, illustrated and edited by
LIGHT AUSTRALIA in 2021.

Graphic design and layout by GRAFIXO

Digital illustrations by A.Thomas, ACT ,Australia.

ISBN 978-0-6450541-9-4

Printed in Australia.

light AUSTRALIA

NATIONAL LIBRARY OF AUSTRALIA

A catalogue record of this book is available from the National Library of Australia

www.ingramcontent.com/pod-product-compliance
Lightning Source LLC
Chambersburg PA
CBHW062044290426
44109CB00026B/2723
* 9 7 8 0 6 4 5 0 5 4 1 9 4 *